몽탄의 아침 노을

서은철 첫 시집

몽탄의 아침 노을

서은철 첫 시집

첫 시집을 내면서

시를 쓴다는 건 내게는 부담스러운 일이었다.
학문적으로 〈시학〉의 카타르시스를 기반으로 한 것도 아니고 헤르만 헤세의 달과 구름을 사랑한 것이거나 R. 릴케의 낙엽을 노래한 것 또한 아니지 않은가

왜 시집詩集을 내지 않느냐고 했지만 남에게 윤필료를 받을 정도는 아니라 할지라도 타인에게 보인다는 것에 대한 두려움이 앞섰다
유창한 어휘와 문맥의 화려함으로 치장하는 것 또한 내게는 그럴만한 필력이나 여력이 없기 때문이기도 하다

시詩란 해 질 녘 동구길에서 듣는 만종 소리처럼 은은하고 무거우며 산중 암자에서 수행승과 도반이 나누는 이야기라 했던 건 말씀 언름과 절寺의 합성어라는 의미일 것이다
자신과 꾸준한 대화로 가감 없이 삶의 의미를 부여하려 노력하고 싶었다
그러나 지나친 감성적 일상들이 마음만 앞서고 막상 접하면 표현력 부족으로 좌절을 반복하기 일쑤였다

부끄럽지만 첫 시집 발간 용기를 내기까지 범부에 지나지 않은 나로서는 많은 고민이 필요했고 두려울 수밖에 없었다
　공직 퇴직 후 지역 언론계에서 일하고 봉사했다고는 하나 사회적으로 크게 명성을 얻은 것도 아니고 모범적으로 타인의 존경을 받은 것 또한 아니지 않은가
　누구에게 과시가 아니라 자서전적 내 인생 발자국이라 여기고 싶다
　글의 생명력은 그 시인의 삶과 행동 또한 글과 일치되어야만 감동을 줄 수 있는 것이라 믿는다
　그 흔한 작품 해설이나 추천사는 싣지 않기로 했다

2024. 12. 11.
꿈여울 장동 마을에서 저자 서 은 철

1부 꿈여울夢灘의 추억

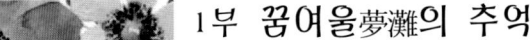

기다림 … 14
그리운 순간들 … 15
꿈여울역 플랫폼 … 16
꿈여울 야거리 … 17
산 가재의 새벽 나들이 … 18
논둑길 걸으며 … 19
고향 … 20
문풍지 우는 겨울밤 … 21
몽강리 점등에서 … 22
개암나무 열매 익어가는 가을 … 23
총지사 가는 길 … 24
문바위 산 … 25
동암재 산사의 향기 … 26
자죽나무 울타리 … 27
그리운 순간들 … 28
숲속의 비밀 … 29
강변의 갈대 숲 … 30
동산의 꽃 장터 … 31

까까머리 떡감던 소박한 친구들 … 32
물수제비 띄우던 때 … 33
장동 마을의 저녁 … 34
동백나무 도장 … 35
아버지의 검정 고무신 … 36
고향 마을을 찾아서 … 37
몽탄초등학교 교정 … 38
몽강리 점등 … 39
골목길 아이들 … 40
대나무썰매 … 41

2부 유년 시절

오해와 이해의 진실 … 44
엿장수 맘대로 … 45
신기료 장수와 구루무 … 46
사랑의 확신 … 47
지키지 못할 약속 … 48
거짓말의 색 … 49
눈꽃잎 수채화를 그리며 … 50
친구야 우리는 … 51
사소한 말다툼 … 52
참연 날리기 … 53
탁발승과 도반의 여정 … 54
농조연운籠鳥戀雲 … 55
즐거운 대화 … 56
인형의 꿈 … 58
어느 봄날의 허튼 생각 … 59
그림자 속마음 … 60
목로주점 … 61
바닷가 낭화를 바라보며 … 62
그때 그 거짓말 참말이냐고 … 63
꼬대사 마을의 추억 … 64
탁발 스님과 사미승 … 66
누가 하나님을 보았느냐 … 67

3부 장동 마을의 서정

사랑은 하지 마세요 … 70
봄날 꽃잔치 … 71
여름밤의 꿈 … 72
상수리 떨어지는 불면의 밤 … 73
늦가을 들국화의 시샘 … 74
붉은 홍시감 … 75
단풍잎 유혹 … 76
늦가을 익어가는 것들 … 77
산들바람의 봄 나들이 … 78
꽃샘추위의 몰염치 … 79
진달래와 고향 친구 … 80
가을풍경 … 81
가을날 … 82
책갈피에 단풍잎 끼우며 … 83
나목의 지혜로운 겨울잠 … 84
봄바람 … 85
소녀의 가을풍경 … 86
토담길 골목 … 87
겨울나무의 꿈 … 88
밀화부리 우는 밤 … 89
체부아저씨를 기다리며 … 90
청매화꽃 피는 봄 … 91

목차  9

 4부 어머니 그리움과 가족사랑

시골집에서 엄마 생각 … 94
엄마의 새벽 … 95
어머니의 청국장 … 96
어머니의 시래깃국 … 97
어머니의 옥색치마 … 98
무싯날에 어머니를 그리며 … 99
아내의 일상 … 102
이제는 말 해야지 … 104
누나의 봄 나들이 … 105
뽕잎 따는 누나 마음 … 106
누나의 달 항아리 … 107
봄 꽃향기 … 108
일로 장 가는 날 … 109
문풍지와 고드름 … 110
쟁기의 새 신발 … 111

5부 청년 시절

목포역 광장 … 114
유달산 팔각정과 다도해 … 115
노적봉의 침묵 … 116
평화광장 갓바위 … 117
오거리 단상 … 118
코롬방 제과점의 추억 만들기 … 119
달성휴게소의 모주 … 120
측후동 덕인 주점에서 … 121
선경 준치횟집 … 122
동명동 어판장의 새벽 … 123
도갑사 청동풍경 … 124
도청 앞 강변정원 … 126
나불도 일출 … 127
갈대꽃에 걸린 달등 … 128
영산강 달빛 동행 … 129
강변의 달그림자 … 130
화개장터 꽃비 … 131
울릉도 도동항 … 132
대청봉 상고대 1 … 133
대청봉 상고대 2 … 134
신설동 동보극장 빨간 마후라 … 135
푸껫 호텔의 트럼펫 … 136
위정자들의 거짓말 … 137
형제의 애정 … 138
인생은 구름과 바람처럼 … 139

1부
꿈여울夢灘의 추억

기다림

마주 보고 웃을 수 없는
작은 가스나이*의 눈망울은
수줍은 가을을
닮아가고 있습니다

하늘이 포랗게 멍울이 지듯
낙엽이 뒹구는
노후한 숲길엔
헤세의 슬픔이 웃음으로 가는데

소녀의 두 눈엔
무성한 기다림이

낙엽을
하나
둘
헤아리고 있습니다

    * 가스나이: 계집아이의 방언

그리운 순간들

구름은
멀리서 보아야만
아름답다

가까이 다가가면 안갯속
혼돈의 장막일 뿐이다

자유로움 속 멋은 없다
신비로움도 없다

아슴아슴 떠오르는
그리운 순간들

그때는 미처 몰랐지만
지나고 보니
얼마나 소중했던 순간인 것을

꿈여울역 플랫폼

미카 증기 기관차가
기적을 울리면
구산리 건널목엔
학 머리 닮은 망대가 내리고

플랫폼을 나서는
통학생들은 서둘러
앞다퉈 열차에 오른다

통표걸이에 걸린 통표를
낚아채는 기관사는
단선 철길의 통행 허가받아
다음 기차역으로 달린다

목포역까지는 아직도 먼데
플랫폼엔 온종일 눈이 내리고
역무원은 외로이 빈 역사 지킨다

꿈여울 야거리

몽강리 점등 앞
영산강은
오래전 추억이 머물러 있다

야거리 배 한 척
황포 돛대 올리고
나무배 위에 옹기 항아리
가득 싣고 떠났다

강진으로 군산항으로
떠나는 배는
노 저어 바람에 풍선 띄우고
다음에 돌아올 날
기약없이 떠나가지만

긴 불가마엔
유약 발린 옹기 생활자기
항아리도 벌겋게 익어가고 있었다

옹기장이 할아버지
이제나 저제나
다음 야거리 돌아오기만 기다린다

산 가재의 새벽 나들이

구름 무게 못 이겨
바람마저 쉬어 가는 곳

이끼 바위 틈새 지나
산 가재 한 마리
먹이 찾아 떠나면

산골 맑은 내
숨죽인
갈참나무 잎새마다

새벽달과 별이
서늘한 바람에 취해
소리 없이 잠든다

논둑길 걸으며

실개천이 흐르는
산 아래 서말지기 논
사름 지난 모내기철
미꾸라지 민물새우
우렁이도 잡았다

버들치가 몸 사려
물풀에 숨어 움츠리면
고무신 벗어 어항 만들고

아버지 써레질 따라가며
논둑길 달려 뛰놀던
어린 시절 그때가 그립다

고향

실개천이 흐르고
단풍잎 떠내려오면
벌써 가을이 온단다

아침 햇살에
이슬방울 구르고
산마루엔
알토란 밤 익는 소리

이제야 철들어 고개 숙인
황금빛 들녘 알곡들이
어미황소 등위에
가지런히 폼 잡고 영글어 간다

문풍지 우는 겨울밤

이슥한 겨울밤
뒤뜰 대나무숲엔 산비둘기
삭풍에 잠 못 이루고

폭설 무게 못 이겨
소나뭇가지 꺾이는 파열음에
상수리나무 위
수리부엉이도 섧게 운다

밤새 함박눈은 내리고
봉창문 앞 초승달이
구름과 밀당을 하다 말고
늙은 감나무에 걸려 졸고 있다

몽강리 점등에서

몽강리 강변에
야거리 황포돛대 한 척
옹기 항아리 가득 싣고
위태로이 강물 위 떠 간다

점등 아이들만
가마터에 마냥 신났다

풍성했던 시절
옹기그릇 항아리
원조 가마터 그대로인데
황포 돛배 야거리 사라졌기로
뜬금없는 분청자기
주인 행세하며 자리잡는다

개암나무 열매 익어가는 가을

꽃이 먼저 피고
푸른 잎 치장하는 개암나무
풍매화 진자보다는
개암(깨금)이 더 친숙하다

이삭처럼 축축 늘어지는
수 꽃
아주 작은 붉은 별 닮은
암 꽃
꽃 지고 갈색 열매 열리면
벌써 가을이 기웃거렸다

딱골 가는 길
토실한 개암 열매 익어가고 있었다

총지사 가는 길

목포에서 칠십여 리
꿈여울 기차역에서
화산 한재 봉암 마을 지나면

석장승 노부부 수호신되어
신령스러움이 감도는
육백 년 역사 속 총지마을이다

바람의 영혼마저 곤히 잠든
텅 빈 절터엔 주춧돌만 지키고
해묵은 동백나무 군락엔
산딸기 잡목들이 무성하다

오랜 세월 불려 온 중들 샘에
밀화부리 울음소리 잠기면
소산태 불당골 골짜기엔
밀교사찰 수행승의 비명소리 들린다

문바위 산

문턱 바위 지나
사내재 산 정상엔
큰 돌문이 신비롭다

산아래 개울가엔
수행승이 마시던
청정한 샘물 솟아오르고

총지사 800여 수행승
넘나들던 사내재
큰 돌 문바위 신령스럽게
역사 속 사라진
옛이야기 들려준다

동암재 산사의 향기

바람과 구름 벗 삼아
동암재 가는 길 만덕사까지
솔향에 취해 가파른 길 오른다

꽃은 피고 지고
신령스러운 총지사 전설이
산등성이마다 잠든 곳
밀교의 전설은
불당골 소산태 중들샘에 머문다

동암재 넘어가는 길
동백나무 숲길 사이로
화사한 봄볕이 쏟아져 내리고
봄날 향기로운 꽃 잔치는
슬픈 총지사 전설을 품는다

자죽나무 울타리

자죽나무* 울타리에
참새떼 몰려와
한바탕 소란이 일었다

하수오와 더덕이
자죽나무 감아 오르고
틈새 사이마다
봉숭아도 곱게 피었다

길쭉한 댓잎에 맺힌 이슬이
아침 햇귀에 또르르
보석처럼 빛나고 있었다

*자죽나무 : 조릿대

그리운 순간들

구름은 멀리 보아야만
아름답다
가까이 다가가면 안갯속
혼돈의 장막일 뿐

자유로움 속 멋은 없다
신비로움도 없다

아슴아슴 떠오르는
그리운 순간들

다정했던 그리운 사람도
지나고 보니 소중했던 순간들
함께 한 그때는 미처 몰랐다

숲속의 비밀

듬성듬성 나무 사이로
하늘이 열리고

숲에 안기어 들어선 건지
숲이 나를 포옹하여 가둔 것인지
알 길이 없습니다

잡목 우거진 숲에는
바람도 없이
갈참나무의 노래가 있습니다

숲을 보려 하지만
여린가지에 짓눌려
볼 수가 없습니다
잡목더미 우거진
숲 한가운데 서 있기 때문입니다

강변의 갈대 숲

갈대 숲 언저리
달 등 매달아
흩어진 별빛 모아
보금자리 밝힌다

추억이 머물고 간
빈자리엔
야실야실한 허리춤인양
갈대 숲 바람에 흔들거리고

기어이 가을이고 싶은
강변의 초저녁
소박한 이야기가 재잘거린다

동산의 꽃 장터

동산에 불어오는
봄바람은
재 너머 남촌 하늘만
기웃거리더니

꽃구름 한 무리
몰고 와
한바탕 구름의 장터 벌리고

설레는 맘으로
두견화 산벚꽃 개나리
장꾼들 하나 둘 끌어 모은다

까까머리 멱감던 소박한 친구들

그런 친구라면 좋겠다
이것저것 셈하지 않고
미안하다 말 필요 없는

고추 된장 안주에
막걸리 한 잔 만족하는
그런 친구라면 좋겠다

화려한 명품 치장이나
익자삼우益者三友 아니라도
내면의 아름다움 지닌
까까머리 시절 멱감던
허물없는 그런 친구가 그립다

물수제비 띄우던 때

작은 개울가에 앉아
물수제비 놀이 하던 친구들
몇 방울 굴렀나 셈하며
우김질도 하고
물장구치고 멱감기도 했다

검정 고무신 벗어
송사리도 몇 마리 잡아넣으면
마냥 즐겁던 때

그 시절 그리워 고향 찾으니
친구들은 벌써 먼 길 떠났다
폐허가 된 산마을 잡초만 무성하고
돌아오는 길
뒷 산 너머로 노을이 지고 있다

장동 마을의 저녁

초가지붕이 정겨운
작은 마을
외양간 황소가 느린 걸음으로
동부레기 찾는다

헛간 말코지에 걸린
농기구가
바쁜 일손을 부르면
따비밭 고추 옥수수는
일손 없이 공으로 익어갈까

매미소리 뭐가 그리 싫어
온종일 울어대고
뒷산 너머로 기우는
저녁노을이 황홀하다

그제야 작은 산마을
여기저기 초가집마다
저녁 짓는 연기 피어오른다

동백나무 도장

이른 아침
주일학교 가는 날
예배당에서 백만원 선생님은
옛 총지사 절터
동백나무 도장 새겨 주셨다

동암재 아래
총지사 절터 지나
대치교회까지는
오소리 십리 길
험한 길 홀로 다니셨다

중학교 입학식 때
세련미는 없어도
동백나무 도장
처음 사용했다
어린 시절 꿈을 심어주시던
백 선생님 너무 그립다

아버지와 검정 고무신

오일장이 서는 몽탄 장날
아버지는 타이어표
검정 고무신을 사주셨다

새 신발 흙 묻을라
불어난 앞 시냇물에
떠내려 갈까 봐 꼬옥 안고
맨발로 걸었다

학교에 가면 고무신
신발주머니 넣어
의자에 걸어 두고 지키던 일

추억은 언제나
지나간 일들 가져다주는가
검정 고무신 생각
아버지 그리움에 가슴이 뭉클하다

고향 마을을 찾아서

어릴 적 추억 그리워
고향 마을 찾아갔다
아쉬움 안고 돌아옵니다

산 겹겹 둘러친
오지 산 마을
봄이면 동고비 고치가 울고
실개천 흐르는 마을은
평온하기만 한데

도회의 유혹에
모두 떠나고
텅 빈 집터만 쓸쓸합니다

삘기 송기 입에 물고
허기 달래던 어린 시절
흔적조차 사라지고 없습니다
괜히
눈물이 한없이 시야를 가립니다

몽탄초등학교 교정

오래된 등나무 줄기가
쉼터를 만들고
달빛을 붙잡은 텅 빈 교정엔
무거운 침묵이 흐른다

청군 백군 나뉘어
머리띠 동여매고
목청껏 응원하던 운동회
계절 소풍에 들뜨던 날들

소나무 숲 고인돌에
날로 새로워라
표상을 나타낸 교장 선생님
추억에 멈춘 그리운 순간들

세월은 약속 없이 지나고
교정에 울리던 과수원 길
지금도 들리는 듯
그때는 미처 이 순간을 예견 못했다

몽강리 점등

오갈재 아래
몽강리 점등
옹기 항아리 싣고 떠나던
야거리* 배 한 척

어둠을 뚫고 가는
황포 돛배는
두려움도 없이
먼 항해길 떠나갔다

점등에 서서
영산강 외로이 노 저어
옹기 싣고 떠나던
아련한 추억에 목이 메인다

*야거리 : 돛대가 하나뿐인 배

골목길 아이들

우김질하고 떼쓰는
시끌벅적한 하루

사방치기 딱지놀이에
추위마저 잊고
시간 가는 줄 모르던 시절

골목길은 언제나
아이들 차지
신나는 아이들만 즐겁다
늘 그랬다

지척에 두고도
오랜만에 고향 찾았다
바람에 실려 오는
아련한 추억이
사라진 골목길에 머뭇거린다

대나무썰매

하얀 눈이 내렸다
집집마다 초가지붕이
하얀 눈으로 모자를 썼다
기스락엔 고드름이 매달리고

언덕진 골목길은
눈썰매장이 만들어졌다
왕대나무 쪼개어 썰매 만들고
비닐포대 썰매타기 즐겁다

온종일 눈이 내리고
대나무 기차놀이 한창인데
자꾸만 구슬치기 보채는 통에
무슨 놀이할까 우왕좌왕 설렌다

2부
유년시절

오해와 이해의 진실

말 한마디 했더니
되돌아오는 건 오해뿐
처음 의도와는
전혀 다른 말이 전달되었다

듣는 사람이 듣고말면 될걸
각색하여 자신의 말로 전달하여
오해가 생기고 말았다

개구즉착開口卽錯 이라던가
묵언의 침묵이 금이라는데
입을 벌려 착오가 생겼다
오해와 이해는 전달자의 입 방정이다

엿장수 맘대로

엿장수 가위질에
골목길이 소란스럽다

깨진 유리병 헌 고무신 고철 들고
엿 바꾸러 나온 아이들
엿장수는 엿정질 바쁘다

이쁜 아이에겐 장난치고
코흘리개 개똥이는 눈 흘긴다
중량도 포장된 것도 아닌
엿장수 맘대로 엿정질에 신났다

차량도 없던 시오리길 산마을
무거운 엿판 등에 맨 엿장수
경쾌한 가위질에 엿정 때리기 신났다

신기료 장수와 구루무

가난한 어린 시절
시골 마을에
신기료 장수가 찾아왔다

대나무에 찢긴 고무신
헝겊 대어 꿰매주고
깨진 바가지도 수선해 주었다

누나는 슬그머니
신기료 장수가 숨겨온
연지와 동동구루무를 사다가

엄마 몰래
작은방 구석진 데 감추었다

사랑의 확신

단 한 번도
사랑한 적 없으면서
사랑하냐고 물으면
너만을 사랑한다고 말한다

그 거짓말 참말인지
참말로 사랑한다는 건지
나도 모른다

사랑하는 건 아닌데도
자꾸만
사랑을 확인하는 마음 알기에

그 거짓말이 참말인지
참말로 사랑한다는 말이
참말인지 나도 헷갈린다
에라이 나도 모르겠다

지키지 못할 약속

인간관계 속에서
서로의 믿음을 확인하고
굳은 약속을 맺었다

누군가에게는
유리할 수도 있지만
필요에 의해
다짐의 의지였다

상황 바뀌어
지킬 수 없게 된 약속
아무리 미안하다 말한들
무슨 소용 있으리요 괜히
약속 말 것을 그랬나 보다

거짓말의 색

거짓말에도
색깔이 있나 보다
하얀 거짓말 까만 거짓말
본의 아닌 거짓말이라니

거짓말이면 됐지
무슨 구차한 색깔 타령
그럼 참 말은 무슨 색일까
참도 거짓도 알 길이 없다
관심법으로 볼 수 없다면
모두가 두리뭉실 참일 뿐이다

어떤 말을 들어도
그럴 거라는
믿음이 가고 신뢰가 되는
그런 사람들이라면 좋겠다

눈꽃잎 수채화를 그리며

열린 창틈 사이로
세찬 칼바람이 기웃거립니다

방안 가득 햇볕은
추운 겨울 보듬고 치유하기엔
너무나 짧은 시간
바람의 유혹만 집요합니다

설편이 그린 수채화가
담백하고 무척 아름답습니다
갑자기 외롭다는 생각에
창가에 그대로 걸어둔 채
눈꽃 수채화를 바라봅니다

친구야 우리는

그보다는 친구야
아프지 말고 늙지도 말라고
난 너에게 넌 나에게
문안 안부나 묻고 살자

우리 서로
정 나누며 살아온 세월
꽉 찬 맥주잔 기울이며
못다 한 다정 나누자

나이 들어 둔하디둔한
시야 끝에 머무는
어렴풋이 아른거리는
욕심 없이 살아온
철부지 또렷한 유년시절로 가자

사소한 말다툼

그건 그렇고
이건 이렇다 치자
생각이 다르다고
함부로 상대를 욕하지 마라

다름이 있을 텐데
관념적으로만 이해를 바라면
이해는커녕 오해만 쌓인다

다름과 틀림의 현실 앞에
지혜롭게
다름을 인정하자

배타적 논쟁에
틀리다고 상대를 부정하는
사소한 말다툼이
우리를 슬프게 한다
그렁저렁 한세상 웃으며 살자

참연 날리기

참연 만들어
가죽나무 위 날렸다

하루해가 저물어
뒷산 너머
황혼이 질 때까지
연을 날렸다

유릿가루 바른 연실이
연싸움 상처를 주고
참연이
가죽나무에 걸려도
마냥 즐거웠다

날이 저물어
자새에 연실 감아
그제서야
아쉬운 마음으로 집으로 간다

탁발승과 도반의 여정

어린 동자승과 정답게
걸어가는 탁발승
밀짚모자에 행등 차고
자드락길 걸어간다

동행하는 사람 있어
도반의 행복한 길
함께 가는 길이
피안의 길이라면
얼마나 더 걸어가야
피안의 여정이 끝날까

차안과 피안의 길목에서
작은 사랑 가슴에 안고
동행하는 두 스님의
멀어져 가는 길이 쓸쓸하다

농조연운籠鳥戀雲
- 자유로움을 위하여

두 평 행복한 길 공간에
햇빛이라도 가득
채워지면 좋겠다
육신은 머물지만
생각은 자유롭기만 하다

이기려고만 했던
양보할 수 없었던 시간들이
공간 속에서 다투고 있다

지는 법도 알아야
이길 수 있다는
평범한 진리 앞에
끊임없는 논쟁은 계속된다
모든 걸 내려놓으라지만
그래 그게 그리 쉬운 일인가

즐거운 대화

클매 즈그덜이 다 쿵께
알아서 헙디다

뉘가 머시라고 해도
우리 아그덜이사 큼스렁
속 안 썩이고 컸지라우

시방잉께 말허제
아그덜 애릴 적에 원체
앙끄또 없는 집이서 커가꼬
고생만 오질나게 했제 어쨌드라우

자식 놈 맴이사 내사 모르지만
항상 고것이 맘에 걸리지라우

징허게 가난헝께
머싱가 해 주덜 못해서
시방 와서 생각허문
무저게 맘 아프지라우

허지만 즈그덜이 다 커갔고
취직이 되 붕께
즈그 어매 아부지
속 옷 한 벌 사 왔습디다
그라문 됐제 어쩐다요

인형의 꿈

깜빡했나 보다
그대 말할 수 없음을
잠시 잊었나 보다
잠들 때라도 깨어 있음을

왜 자꾸만
곁에 있어 소중한 그댈
까맣게 잊고 사는지 모르겠다
그대 말없는 침묵 속에
수많은 대화 나눈 것을

작은 아주 작은
꿈 하나 가슴에 싣고
아주 사소한 이야기를 나누련다

말하진 못해도
살아 숨쉬는
침묵의 순간들이 무엇인지
내일의 희망은
내일 꿈을 꾸며 살면 되지

어느 봄날의 허튼 생각

창틈 사이로
상기된 봄바람이
자유롭게 들어온다

아늑하게 들려오는
밀화부리 울음소리
깊어가는 봄밤 적막하다

밥은 먹었느냐
어디 아픈 데는 없느냐고
일상적인 대화 속
허물없이 안부를 묻던 사람

이제야 곰곰 생각해 보니
그 사람도 아주 가끔씩
나를 사랑했던 걸까

그림자 속마음

언제나 곁에서 호위무사로
떠날 줄 모르는 넌
참 무던하기도 하다

너의 표정 볼 수가 없고
알 길 없으니
답답함이야 말로 할 수 있으랴

힘들고 마음 아파도
상처받은 심한 언어로도
무심한 너를 탓할 수 없으니

속마음 드러내지 않고
묵묵히 침묵으로 인내하는
너는 참
지혜로운 인생을 사는가 보다

목로주점

시끌벅적 황톳길 옆 싸리문 안
도랑치마* 치켜 입은 주모 아짐씨
그리도 바삐 움직이고
도토리묵 파전 안주는 덤으로
막걸리 한 사발에 정은 두 사발

산등성이 저무는 태양은
뭐가 그리 궁금해 머뭇거리고
집에 갈 생각 없이
거들먹거리는 주객들아
막걸리에 취해 치근거린들
그리 쉽게 치마끈이야 풀리겠소만

밤늦도록 술 권하는 객기에
괜히 술 취한 척 거드름 피지 마소
아짐씨 생각이야 누가 알겠소
아마도
정분 나눌 사람은 따로 있을걸
아침이면 괜한 소문날까 두렵소

*도랑치마 : 스란치마-단이 하나인 서민들이 입던치마 반대어 스란치마- 단이 여럿인 궁중에서 입던 궁중치마

바닷가 낭화를 바라보며

낭화가 일렁이는 바닷가
하얀 포말을 가슴에 담으면

급격한 변화에 도시로 떠난
소식 없는 섬 아가씨

누군가 떠나고 누군가는 남아
갈매기만 슬픈 노랠 부른다

그렁저렁 세월이 가고
꽃피고 향기로운 바람 불건만

낭화가 일렁이는 바닷가에서
오지도 않을 사람을 기다려 본다

그때 그 거짓말 참말이냐고

별이라도 한 아름
따다 줄 것처럼

행복만을 주겠노라
만남 그 순간부터
화려한 약속을 했었지

행복만을 다짐하던
그 순간들은
슬그머니 흔적 없이 사라지고

그대에게 묻는다
당신 마음 그때 그 거짓말
영혼 잃은 그 거짓말이
진심 어린 사랑이었느냐고
그 거짓말 참말이냐고

꼬대사 마을의 추억

끄라비 끄롬통* 해변의
아름다운 낙조처럼
송현리 꼬대사** 마을 너머
저녁노을이 황홀하다

황톳길 옆 시골 마을
라디오 전파를 타고
나나무스쿠리의 감미롭고
애잔한 음률이
심금을 울리던 시절
반세기나 지나
호산이네 집도 자전거포도
마음속 그리운 추억으로만 남았다

매일 체부아저씨처럼 찾아온
희망 음악편지로 맺은 인연
어쩌면 가장 힘들 때 곁에서
내편이 되어준 고마운 사람

은혜 은진 경찬 보배들과
시방 함께 동행하는 인생 여정 길
꾸밈없는 가족여행이 너무 행복하다

*끄라비 끄롬통 : 태국 푸켓 옆 작은 평화로운 해변마을
**꼬대사 : 일제강점기 망운 송현리 마을 꽃회사의 변형어

탁발스님과 사미승

챙이 넓은 밀짚모자에
행등 차고 걸어가는
탁발스님 뒤를
사미승이 따라 걸어가고 있다

스님
어디로 가십니까

어디로 간다고 알려준들
알기나 하랴
이놈아 잔말 말고 걷기나 해라

피안 어디든 정해진 곳은 없나 보다

누가 하나님을 보았느냐

노老 장로님 권유로
가까운 교회에 나갔다
상처만 안고 돌아왔다

신출내기 새 신자로 알고
묵은 집사가 요기조기 앉아라
줄 간섭하며 사상까지 지배한다

신앙은 홀로 가는 자기 수행
아무도 하나님을 보지 못했다
요한은 첫 번째 편지에서
서로 사랑하면 하나님은
마음 가운데 완성된다고 했다

모두의 마음 가운데 살아계신다
그대에게 묻고 싶다
하늘나라가 주님이 네 것이더냐

3부
장동 마을의 서정

사랑은 하지 마세요

사랑은 하지 마세요
애타는 그리움만 간직하세요

사랑을 하고 나면
기대했던 일들이
실망 속에 사라지고 맙니다

가슴 조이며 설레던 마음
애절한 그리움으로
옛 기억 그대로
아련한 추억만 간직하세요

사랑을 하고 나면
삶의 치열한 부딪침에
갈등이 찾아오고
설렘도 신비로움도
아름다운 추억마저 사라지고 맙니다
제발 사랑만은 하지 마세요

봄날 꽃잔치

마을 앞 개울가
아지랑이 피어오르면

윗 골 산골짜기엔
송홧가루 날리고

봄바람이 소나무숲 지나
산아래 마실 가면

따비밭 모퉁이에
개나리꽃 서둘러 피어나
온 산 진달래 불러 모아
한바탕
연분홍빛 봄 꽃잔치 벌인다

여름밤의 꿈

댓잎 휘늘어진 가지
이슬 자리한 잎새마다
별빛 내려 잠들고

밤새 이슬 먹이 찾는
애절한 풀벌레 울음이듯

들릴 듯 말 듯 잊히지 않는
그리움에 지친 울음소리

잠 못 이루어
어두운 밤 뒤척이다
마침내
효명의 샛별만 헨다

상수리 떨어지는 불면의 밤

풀벌레 울음소리에
들국화 향기 그윽한
가을밤이 깊어간다

우주가 토해낸 별이
재 너머 호수에 내리면
추억에 머문 시간들
불면의 밤은 너무 길었다

토독토독
상수리 떨어지는 소리
부치지도 않을 편지를
밤 늦도록 썼다 지우던 날

그날도 오늘처럼
불면의 가을밤이 깊었던 걸까

늦가을 들국화의 시샘

잡목 우거진
산등성이 아래
가을 햇살이 정겹다

코스모스보다 들국화가
더 아름다울까마는
시샘하듯 제법 하늘거린다

황금빛 알곡이 익어가고
바위 틈새로
샛노란 단풍이 물들면
벌써 가을은
떠날 채비를 하고 있었다

붉은 홍시감

몹시 무덥던 여름날
똬리 떨군 채
한여름 더위 못 이겨
청푸른 잎새 뒤에 숨었다

입술 깨물어
터뜨리는 아픔으로
찬서리 내리는 늦가을
붉은 연시감으로 치장한다

보란 듯이 농염한 자태로
수줍음도 잊고
저무는 노을빛 무대 삼아
도도한 자태를 뽐낸다

단풍잎 유혹

떨어져 나뒹구는
단풍잎 너무 고와서
책갈피에 끼워 넣었다

토방 끝에 모여 있던
한 보시기만큼의 햇살이
시샘하듯 다가와
책머리에 앉았다

고운 님 얼굴만큼이나
곱게 단장한 낙엽에
혼쭐나게 빠져버린 오후
단풍잎 유혹에 저녁놀이 곱다

늦가을 익어가는 것들

찬서리 내려앉은
황금빛 들판엔
가을맞이 준비에 분주하다

산마루 기슭
알토란 밤 익는 소리에
덩달아 허수아비 춤출 때

여름 한나절,
멋부리던 알곡들이
이제야 철들어 고개 숙였다

뒷산 너머 해넘이가
지그시
커다란 눈을 흘긴다

산들바람의 봄 나들이

소나무 사이로
거침없이 달리는
산들바람의 신났다

봄소식을 전해줄
산새들 울음소리
온 산야를 깨울 때

두견화 흐드러진 앞동산
왕벚나무 화사하게
꽃망울 향기 품고
온 산을 껴안아 퍼뜨린다

꽃샘추위의 몰염치

겨울 지나고
꽃이 피어나는 삼월에
웬 폭설이 내리고
늦추위가 심술을 부린다

꽃피는 봄날에
무슨 미련이 남아
염치도 없이
찬바람 몰고 와 눈이 내린다

꽃바람이 불어올까
기다리는 마음에
꽃피는 봄날 밉다고
눈까지 내려 추태를 부린다

진달래와 고향 친구

창꽃이라 부를까
연분홍빛 속살이 고와서
아무 곳에나 피어나도
어여쁜 꽃

여린 꽃잎 입술에 물면
사르르 녹아내릴 듯
정금나무 사이로
춘란보다 진한 향을 뿜는다

연분홍빛 진달래가 피면
서산 너머 지는 해도
향기에 취해 머뭇거릴 때
함께 놀던 고향친구 그리워진다

가을 풍경

문바위 산등성이
잡목 숲 사잇길에
떠돌이
뭉게구름이 걸려있다

실개천이 흐르는
골짜기 아래
장동 마을에도
이른 가을이 오려나보다

고추잠자리 떼 지어 날더니
앞동산 서둘러 붉게 물들고
온산이 서툰 몸짓을 할 때

뿔감 잎 모두 떨어져
맛 좋은 속살 자랑하려나
알밤이 툭툭 떨어지면
다람쥐 부부만 정신없이 바쁘다

가을날

단풍잎 하나
책갈피에 꽂아 넣었다

토방 끝
소쿠리에 모여 있는
햇살 한 무리가 고와서

시샘하듯 담아와
책머리에 놓았다

단풍잎 떨어지는
아름다움에 취해

저무는
저녁놀을 붙잡아 본다

책갈피에 단풍잎 끼우며

햇살에 곱게 익은
노란 은행잎 하나
책갈피에 곱게 끼워 넣었다

붉은 단풍잎 떨어지면
벌써 가을은
산허리를 휘감고 있을 때

가을 햇살 보듬어
가슴 가득 채워도 보았다

읽지도 않은 책들이
사치스럽게 진열된 창가에
가을은 벌써 시들어가고 있었다

나목의 지혜로운 겨울잠

몸단장하려고
떨쳐 버린다

그게 삶이라기에
겨울잠 예약하고
또 다른 생을 준비한다

존재감을 나타내려
뽐냄도 없다
아픔과 인내의 시간일 뿐이다

가야 할 목적지를 알기에
참고 견뎌야만 한다
다시 오는 그날엔
화려한 몸단장 꿈을 꾸며

봄바람

창밖의 봄바람이
날이 밝도록
고집스레 울던 날

겨울이 가는 소리에
무슨 미련이 남아
창문 밖 그리움
먼저 떠나보내고

송홧가루 매화 향기
실어 나르는

봄바람의 바람기를
미처 알지 못했다

소녀의 가을풍경

햇빛 부서져 흩어진
개울가

잔잔한 물결 위
단풍잎 떨어져
잔물결 이루면

다소곳이 앉아
가을을 즐기는
앳된 소녀가

검붉은 가을을
치마폭에 담는다

토담길 골목

겨울이면
담장에 가두어진
햇빛을 쬐며 즐기던 곳

연신 뿜어대는
곰방대 담배 연기가
골목길을 메우고
동네 아이들 사방치기 즐겁다

해는 기울고
아이들도 집으로 돌아가면
어두운 토담길엔
산 짐승 내려와 어슬렁거린다

겨울나무의 꿈

떠날 채비를 서두르며
서툰 몸짓으로
원치 않은 작별을 준비한다

마지막 잎새마저
거리를 방황하면
초라하고 쓸쓸한 거리엔
적막감이 흐른다

지는 낙엽은
모든 걸 버리고 체념하듯
추운 계절을 보내야만 한다

앙상한 가지마다
파릇파릇 새 움트는
봄날을 꿈꾸며
버려야만 산다는 진리를 배운다

밀화부리 우는 밤

밀화부리 새소리가
작은 산골짜기 울림이 되고
봄밤을 설치게 합니다

사로잠든 나에게
창 틈새 비집고 들어온 바람이
아직도 낯설기만 합니다

마들 가리 나뭇가지 사이로
수많은 별들이 오가는 길에는
그리움이 있고
추억의 잔영들이
머물러 있습니다

샛별을 잠재우는 달빛이
창백한 모습으로
잔야에 머물러 기도합니다
활기찬 아침을 준비하나 봅니다

체부아저씨를 기다리며

찬바람에 시달린
함박눈을
예쁜 편지 봉투에 넣었다
창문 밖 바다에 잠기는
별빛 달빛도
가득가득 채워 넣었다

밤 이슥하도록 지워도
지워지지 않는
아련한 추억의
되살아나는 진한 그리움

아직도 부치지 못한
지난 시절 아련한 사연들
빛바랜 편지 봉투만 만지며
오지도 않을 체부아저씨를 기다린다

청매화꽃 피는 봄

자드락 길 아래 개울가
또랑새비 잠 깨는
봄날 아침

겨우내 눈꽃 날리던
살얼음 흔적이 사라지고

수줍은 봄바람은
두견화 꽃잎 뒤에 숨었다

개나리꽃 피어나고
청매화 꽃잎 지던 날도

오늘처럼 봄바람에
매화 향기 가득 훔쳐 왔을까

4부
어머니 그리움과 가족사랑

시골집에서 엄마 생각

자죽나무 울타리 안
곡간 별채 말코지엔
어머니의 때 묻은
낯익은 농기구들 걸렸다

부지깽이 들고
이마에 수건 둘러멘
금방이라도 어머니
반겨 주실 것만 같은데

야속한 세월은
요양원에서 오매불망
아들 찾아오기 기다리신다

이번 주말엔
붉은 연시감 곱게 싸들고
어머님 뵈러 가야겠다

엄마의 새벽

새벽 별이 아직
감나무 가지에 걸렸는데
괭이잠에서 깨어난 어머니는
서둘러 새벽밥을 짓는다

새벽 통학 열차 바쁘게
도시락도 준비하신다
달걀 깨뜨려 도시락 밑에
몰래 넣어 주시던 모정

이름만 불러도
눈물이 나는 건
세상 모든 자식들 감정일까

낮이면 농사일 바쁘시고
선잠 청하다
새벽밥 지으시던 어머니

상수上壽가 지난 연세에
자식 걱정하시다
당신 홀로 외로이
먼 여행 떠나가신 어머니
자꾸만 하염없이 눈물이 난다

어머니의 청국장

겨울이 오고
또 한 해가
말없이 기울어 갑니다
해마다 이맘때면
청국장 띄워 주셨지요

나 죽거든 누가 청국장 해주랴
띄우는 방법 걱정하시고
메주콩 삶아 반쯤 식혀
항아리 보온으로 사나흘 지나
발효됐다 싶거든
소금 간하여 절구하라셨지요

동짓달 추운 날
청국장 생각
어머니 생전 모습 아른거려
뜨거운 눈물이 앞을 가립니다

어머니의 시래깃국

한겨울 시렁 간에 얹혀
잔설에 시달려야
시래기는 제 맛이라고

첫눈이 내리던 초겨울
묵은 된장 풀어
시래깃국을 끓여 주셨다

온 가족의 따뜻함이
풋내 향에 취하고
사랑 넘치는 저녁 밥상이었다

가난한 시절
아름다운 추억 찾아
고향 마을 찾아갔지만
헛간엔 빈 말코지뿐
먼 길 여행 떠나신
어머니의 시래깃국 생각난다

어머니의 옥색치마

흰색 저고리 옥색치마는
어머니의 색이다
평생을 몸에 지니고
곱고 단아하게 사셨다

뜬숯 화롯불에
인두 달구어
두루마기 동정도
곱게 다림질하고

삼베옷 풀 먹여
누나와 장단 맞추어
다듬잇돌 또닥거렸다

하얀 저고리와 옥색치마는
어머니의 가슴 색
단아하고 청결하신
어머니 생각 몹시 그립다

무싯날에 어머니를 그리며

5일마다 열리는 장날
장에 갈 준비 바쁘시다
토방 위 댓돌엔
아껴두신 하얀 고무신을
가지런히 놓으셨다

허리춤 유리구슬 달강거리며
나도 덩달아 장마실 따라 나선다
꿈 여울 장터 개울가 대장간엔
쇠망치 두드리는 소리

허물어진 작은 숯가마엔
잉걸불이 타오르고
어머니는 맨 먼저 사래밭
마당 가 따비밭 매러
호미 두 자루 주문하신다

질서도 없는 혼잡의 장터
대장간 옆 어리전엔
갇혀있는 닭과 오리들 중에

온새미로 귀여운 닭 한 마리도
장바구니에 담았다

장터로 가는 신작로 길옆
시계전이 이른 아침 펼쳐지면
시곗 장수의 목청이 시들고
신기료장수가 짐을 챙기면
그때서야 장이 파한다

행여 길 잃을까 봐
꼭 잡은 어머니 손
어머니는 내 주먹보다 커다란
알사탕을 쥐여주셨다

오늘은 무싯날
터는 흔적 없이 사라졌다.
영 너머에 아득히 새소리 정겨운데
이곳저곳 추억이 아련하다

장터에서 장동마을 시오리 길
송홧가루 봄바람타고

들판에 흩어진다
벚꽃 만발한 4월 어느 날
상수上壽가 지난 연세에
어머니는 봄꽃 향기 안고
먼 길을 외로이 떠나셨다

알고도 모르는 체
옳고도 지는 척 하라는
가르침 주시던 어머니
진달래 꽃잎처럼 고운
어머니 그립다

봄꽃 향기 가득 머금고
마당가 대명매大明梅 마들가리에
꽃망울이 피어나면 좋겠다.

*무싯날 - 5일장이 서지 않는 날
*온새미 - 가르거나 쪼개지 않은 생긴 그대로의 상태
*상수上壽 - 나이 100세를 말함
*신기료장수 - 헌 신발을 깁는 것을 업으로 하는 사람

아내의 일상

꾸밈은 없어도 언제나
서두르지 않은 모습이
아름답습니다

어쩌다 외출할 때면
단아한 모습의 화장이
평소와는 다르게
무척 어울립니다

아픈 마음 위로해 주지 못해
미안할 때가 많아
더더욱 가슴 아픕니다
나의 위치나 신분에 따라
아내의 모습이 달라지는 건
어쩔 수 없는 일이기는 합니다

미안하다고 말합니다
속마음으로만
미안하고 고맙고
사랑한다고 말합니다

묵묵히 집안 일에 몰두하는
아내의 모습이 오늘 따라
애처로이 아름답습니다

이제는 말해야지

어쩌다 한 번쯤
밥 한 끼 차 한 잔 사준
친구에게는 의례적으로
고맙다고 연신 말하면서
매일 밥 해주고 챙겨주는
가족에겐 한 번도
고맙고 미안하단 말 못 했습니다

낯선 사람으로 우연히 만나
늘 반복적인 일상에
숙명적으로 주어진 의무인양
궂은 일 마다하지 않고 고생만 한 사람

가장 힘들고 어려울 때
함께 위로하며 마음 아파하고
내편이 되어준 소중한 사람에게
이제는
고맙고 사랑한다는 말
몇 번이라도 말해야겠습니다

누나의 봄 나들이

멀리서 들려오는
고치 울음소리
메아리 되어 계곡을 울린다

누나는 뽕잎 바구니에
삘기와 찔레순도 담아
바쁜 걸음으로 집으로 오면

봄밤
서늘 바람은
긴 산 그림자 품어 안고
허락도 없이
초가지붕 기스락에 잠재운다

뽕잎 따는 누나 마음

저녁연기
스멀스멀 피어오르면
밭갈이 나간 황소가
집 모퉁이 외양간을 찾는다

살림살이
넉넉지 않던 시절

누에를 잘 길러야
시집갈 밑천 장만했다
누나는
꾸지뽕잎 한 소쿠리 담아
누에 치느라 바쁘다
쉼 없이
뽕잎 따다 날랐다

누나의 달 항아리

소쩍새 울음에
부엉새 덩달아 울던 날
누나는 맨발로 샘터에서
물항아리 가득
보름달을 담아 날랐다

풀벌레 울음소리
혼란 속 묘음妙音이 되고
어둠 속에서도
별빛은 내리는데
누나는 힘들어도 바쁘게
보름달을 가득 담아 날랐다

봄 꽃향기

앞산 진달래꽃
피어나면
계곡엔 꽃 잔치 열린다

아지랑이 피어나는
논둑길 따라
철 따라 피어나는 소박한 꽃

삘기 찔레순 꺾어주던
누나는
자드락길 따라 어린 쑥을
대바구니에 담았다
봄날의 향기 가득 담았다

일로 장 가는 날

왕복 칠십리 길
아버지는 월암리 우시장에
소 한 마리 끌고
새벽길 바삐 장에 가셨다

해가 저물어 소식 없고
초저녁 별이 뜨고
언제나 오시려나
어머니는 괜스레 나에게만
역정 내신다

큰아버지 헛기침 소리
아랫집 개 짖는 소리 들릴 때
이제야 오시나 보다
아버지는
고등어 두 마리 사 오셨다

문풍지와 고드름

저녁노을이
익숙지 않은 모습으로
한낮 뜨거운
흔적들을 지운다

초가지붕 아래
산새들 조용히 날아들고
문풍지는 밤새 떨며
겨울밤 추위에 움츠릴 때

날이 밝으면 토방에
아침 햇살 받아
여문 고드름 툭툭 떨어진다

쟁기의 새 신발

외양간
아궁이 앞 흙벽에
쟁기가
낡은 보십 신었다

지루한 농사일에
한숨 내쉬던 아버지
황소는 갈매기 멍에 차고
쟁기 끌어
밭갈이 바쁘던 날

멀리서 장끼가 울면
산 계곡 따라 메아리 되고
뒷산 그림자 슬머시 내려오면
일 나간 어미소 돌아와
큰 울음으로 송아지 찾는다

5부
청년시절

목포역 광장

플랫폼을 지나면
사공의 뱃노래 가락이
애절하게 심금을 울린다

남일극장 앞 바닷물 출렁이면
뱃고동소리 혼란스럽던 때

멜라콩 돌다리가
가난한 지겟꾼 애중을 담아
동명동 뒷골목에 숨어 운다

언덕길 다방 후미진 골목 지나
권번 색시들 소리가락이
갑자옥 모자점까지 들리는 듯

목포역 앞 광장은
서울 가는 섬 아낙들의
눈물겨운 애정과 애환이 있다

유달산 팔각정과 다도해

등 구부려 누운
다도해의 오랜 추억은
잔잔한 파도를 타고

고하도 너머 황금빛
황홀한 저녁노을은
갈매기 울음소리 껴안은다

시집살이 싫다고 한들
섬 자락에 머물러
지지리도 가난하게 살아온
못난 세월 원망할까

갈매기 떼 슬픈 울음소리
작은 파도에 잠기면
고하대교에 걸친 초저녁 달이
별빛 무리에 홀로 외롭다

노적봉의 침묵

깊은 시름으로만
충무공 전설을 말하는 듯
침묵을 지킨다

삼학도 전설은
회색빛 항구에 머물고
사공의 뱃노래
파도에 휩쓸려 아득한데

유달산 죽후동 오르막길
똬리 틀고 둘러앉은
당찬 노적봉이

미래를 꿈꾸며
일등바위 굳게 지킨다

평화광장 갓바위

어설픈 삿갓 쓰고
세월의 흔적을 품은 듯

모진 풍랑 헤치고
수많은 전설을 담아
슬픈 노래 사연을 말한다

소담거리며 살아가는
목포의 눈물 거두고
내일의 희망을 얘기하듯

평화 광장 분수대 멀리
갈매기 무리
영산강 하구둑 너머
갓바위 꿈을 싣고 날아간다

오거리 단상

평화극장 앞 파도는
석빙고 제과점을 찾고
갑자옥 모자점까지
바닷물 철렁일 때

덕인 주점 오르는 길
추억이 머물고
측후동 좁은 언덕길은
유달산 노적봉까지
말없이 침묵으로 안내한다

오거리는 언제나
북적대고
섬마을 사람들 오가던 곳
모두 사라진 옛 추억의 거리를
어린 시절 더듬어 혼자 걷는다

코롬방 제과점의 추억 만들기

밤늦도록 독서실에서
이기려고만 했던
까까머리 친구들

어쩌다 이성 친구 약속 날
애써 잘 보이려
일자 챙모자에 나팔바지 입고
코롬방 빵집에 앉아
보이려고만 했던 때

오거리 코롬방 제과점은
아련한 옛 추억 그대로건만
그래도 몇 안 남은
까까머리 친구들 소식 그립다

달성휴게소의 모주

한여름 오후
모주 한 잔에
한 편의 시심詩心 담아 마신다

돈오 돈수냐
돈오 점수냐 따지기도 전
모주에 취해 버렸다

추억이 없는 사람이
어딨어?
살다 보면 하고픈 이야기
누가 다 하고 사남?

노 선배의 일갈에
시간 가는 줄도 모르고
달성사 만종이
저무는 해를 배웅한다

*모주: 조 서숙으로 만든 술

측후동 덕인 주점에서

오거리 지나
유달산 오르는 골목길
덕인 주점을 들어서면

막걸리 한 사발에
고래고기 한 접시면
목마름 쉬이 해소될까 하여

선바람 맞으며 서둘러
주점에 홀로 앉아
술 한 잔 마주할 동무를 기다린다

달성사 만종 소리에
해 지는 줄 알아
친구도 없이 혼 술 즐긴다

선경 횟집에서

새콤달콤 횟거리에
미각이 새롭고
구수한 아귀찜
감칠맛 나는 된장 맛은 또 어떻소

깡다리 무침에 톳 나물도
젓가락질 잦은데
풀치 맛 또한 일품입디다

첫눈이 내리는 날 꼭
한 번쯤은 약속하지요

해상 케이블카 고하도까지
야경에 흠뻑 취하는 곳
선경 횟집의
준치회 막걸리 한잔 어떻소
식초 맛에 목포대교가 장관입니다

동명동 어판장의 새벽

새벽장이 열리는 날
동명동 선창가 어판장에는
생동하는 삶이 어우러지고
애환이 있고
시름과 고된 눈물이 있다

고기잡이 어선이
항구에 닿으면
비린내 나는 선창가에
새벽장이 열리고

모국어로는 다 표현 못하는
이국적인 언어와
요란한 손동작이 이채롭다

삶의 애증을 담보하는
그들만의 모국어가
새벽 어시장을 울린다

도갑사 청동풍경

햇빛 한 입 베어 물고
개복숭아 숭얼숭얼 열리는
월출산 도갑사

방아깨비 풀섶에 납작 엎드려
산솔새 외로이
외주물집 앞 날아간다

동살에 떠오르는 산사는
정오의 햇살 아래
묵언 수행중이고

하산을 서두르는 바람은
일죽수 한 잔에
거친 죄업 씻으려 한다

더덕구이 안주 일품인
개울가 선술집 앉아
어느새 노주 한두 잔에
얼굴이 붉어진다

산다는 것은
조용히 뒷짐을 지고
모르는 체하는 일

도갑사 물고기 한 마리
청동의 풍경 짊어지고
비틀비틀 하늘을 날고 있었다

도청 앞 강변정원

강변 자전거 길 아래
나지막한 갈대숲엔
넉넉한 풋햇살이 풍요롭다

가꾸지 않아도 피어난
까실쑥부쟁이 달맞이꽃
카라꽃 개망초도 멋 부린다

쇠오리 떼 가족이
오래전 추억을 물고 오면
심심한 바람은 온종일

강물에 잠긴 구름과
밀당을 즐기고
더 심심한 나는 그 행간에
강변 길 서정을 담는다

나불도 일출

월출산 너머
햇귀 솟구침 찬란하게
힘찬 역동으로
강물 위 불기둥 이룬다

침묵을 강요하는 효명의 시간
감히 맞서지 못하는
대지의 침묵을 미리 알았을까

아침노을에 취해
강물 위 흩어지는
황금빛 파편 속으로

돛단배 소리 없이
떠나던 날
아련한 옛 추억 강물 위 어린다

갈대꽃에 걸린 달 등

잔물결 일렁이는
강물 위
갈대꽃 허리춤에
달 등 매달아
어두운 강 길잡이 되고

달빛 날개깃에
갈대숲 사이
조심스레 마실 가는
철새 한 마리

기나긴 불면의 밤
아는지 모르는지
샛별도 떠난 아침이 되도록
돌아오지 않네

영산강 달빛 동행

남악 도청 앞
영산강 철교 아래
봄밤 어두운 길
영롱한 달빛과 동행한다

레일 위에 깨뜨려진
초롱한 별빛마저
강물에 잠겨 평화롭다

갈 곳 몰라 방황하는
고향 그리는 쇠오리 무리
영산강 철교 아래
바람에 실려오는
초롱한 별과 달빛 즐긴다

강변의 달그림자

갈대숲 사이로
아기별 내리면

달그림자 타고 오는
외로움 속
오래전 추억이
초저녁 별빛 내린다

밤 깊도록
강물 위를 방황하는
쇠오리 가족
새벽 단꿈에 잠든다

화개장터 꽃비

굽이진 섬진강변 길
싱그런 바람 타고
꽃비가 내린다

왕벚꽃 만개한
강변길을
드라이빙 가던 날도
감미로운 멜로디가
애잔하게 심금을 울렸었다

친구는 떠나고 없어도
화개장터 가는 길엔
그날처럼 여전히 꽃비 내린다
아픈 마음 몰라주고 꽃비 내린다

울릉도 도동항

이른봄
섬 기스락 절벽 위엔
잔설이 남아
겨울의 여운을 남기고

파도는 섬돌에 부딪쳐
갈매기를 부른다

밤바다를 밝히는
오징어 채 낚기 어선은
아침이 되어야만
항구로 돌아온다

휴전선 아래 외로운 섬
한일호 청룡호가 뱃고동 울리면
포항으로 떠나는 길손
도동항 오는 손님

도동항 방파제는
이래 저래
만남과 이별의 애증이 머문다

대청봉 상고대 1

북풍에 시달려
아침이면 몽송霧淞이 되고

새벽달이 구름에 실려
북녘 땅까지 쫓겨가면
아침 햇귀는 수줍은 얼굴로
노을 바다를 헤집는다

간밤의 온갖 시름 이겨내고
아침 노을빛에
보석처럼 영롱한 상고대
격한 희망이 요동치는
휴전선 넘어까지 찬란하다

대청봉 상고대 2

방향 잃은 신령한 빛의
혼란스러움

맑고 투명한 옥구슬처럼
빛과 빛의 충돌은
영롱함을 뿜어낸다

빛나는 신비한 기운은
아침 햇귀를 따라 내리고
살을 에듯
북녘땅까지 깡마른 추위는
왜바람 타고 눈발로 날린다

엎드려 낮은 곳으로 드러누운
나뭇가지 잡목마다
눈부시도록 영롱한 혼령의
현란한 춤사위가 시작된다

신설동 동보극장 빨간 마후라

와사등 불빛 깜빡이는 거리
여원 새벗 어깨동무 잡지가
가판대의 시선을 끈다

바바리 코트 금테안경 신사는
여원 잡지를 사들고 거스름돈
한사코 사양한다
트렌치 코트깃이 멋있다

신설동 동보극장엔
빨간 마후라 공산성의 혈투
동시 영화가 상영되고
장동휘 서영춘 황해 배우들의
생동감 있는 연기에 빠져든다

혜화동까지는 지척인데
동대문을 끼고돌아 창신동까지
형아를 생각하며
오래전 추억의 길 걷는다

1965. 여름 어느날

푸껫 호텔의 트렘펫

빠통 피피 섬 여행 중
이국땅 태국의
리조트 호텔 라운지에
작은 음악회가 열리고

성모형의
미니 색소폰 소리가
푸껫의 더위를 식혀주며
대니 보이 가락이 흥겨웠다

먼 이국땅 바닷가에
별과 달이 함께 흥겹게
불빛 화려한 라운지
아국 빠통의 밤이 깊어 간다

위정자들의 거짓말

그 뻔뻔함이야
꾼들의 속셈
아는 사람은 다 알지만

한 번도 사랑하지도
사랑한 적 없으면서
국민과 시민들만 사랑한다며
뒤늦은 사랑 타령에
자화자찬 일색이다

때만 되면 어김없이 찾아와
매번 똑같이 읍소 구걸한다
이번만은 꼭 한 표 달라고 한다

그 거짓말 속는 셈 친다지만
어찌할거나 망설임 속에
선택지가 좁아서 망설여진다

형제의 애정

다정 나누기 수 십 년
형제의 정이란
사랑이라는 작은 표현으로
늘 가슴에만 담아 놓는다

마음 깊숙한 정을 주고
가슴 가득 정을 받고
그게 아마도 진정한 사랑일까

힘들고 외로울 때
늘 뜨거운 가슴 나누는
형 같은 아우에게
어쩌면 가슴으로만 전하는 말

잊지 마시게 사랑한다네
시절인연으로 맺은 형·애의 정
인생 여정길 함께 걸어가세

인생은 구름과 바람처럼

맵시를 고집하지 않는
구름처럼
가야 할 방향에 얽매이지 않은
바람처럼
흐르는 물처럼 가야만 하는
운수행각雲水行脚 인생이란 걸까

시절인연을 만나야 만
그리움도 생긴다는데
누구와 더불어
희로애락을 이야기할까

꽃은 피고 지고
만남도 헤어짐도
가슴에 품은 모든 욕망
그림자처럼 떼지 못하는
그게 바로 인생이란다

서은철

몽탄중앙국민학교
목포중·고등학교
목포과학대 졸업

행자부 공무원
무등일보·호남신문국장
국가균형발전위원
지역기자협회장
한국복지재단운영위원
시체육회이사-외
목포 문인협부지부장
한국문인협회원
유달문학회원

수상경력
서라벌문예신인상
현대문예신인상
유달문학공로 시감사패

현재
현) DBS광주동아방송국장
현)(사)유달문학부회장

서은철 시집

몽탄의 아침 노을

2024년 12월 25일 초판 발행

저 자	서 은 철
발행인	이 승 한
편 집	임 선 실
발행처	도서출판 엠·애 드
등 록	제2-2554
주 소	서울시 중구 마른내로 8길 30
전 화	02) 2278-8063/4
팩 스	02) 2275-8064
이메일	madd1@hanmail.net

ISBN 978-89-6575-1830(03810)
값 15,000원

저자와의 합의하에 인지 첨부 생략합니다.
파본은 구입하신 서점에서 교환해 드립니다.
이 책은 저작권법에 의해 보호를 받는 저작물이므로
무단전재와 복제를 금합니다.
본 출판물은 한국예술인복지재단 예술인 지원팀의
신진작가 예술활동지원금 일부를 지원받아 발간하였습니다.